Pensieri

in

Versi

Juan Moisés de la Serna

Traduzione italiana Valeria Bragante

Editorial Tektime

2019

"Pensieri in Versi"

Scritto da Juan Moisés de la Serna

Traduzione italiana Valeria Bragante

1ª edizione: dicembre 2018

© Juan Moisés de la Serna, 2018

© Edizioni Tektime, 2018

Tutti i diritti riservati

Distribuito da Tektime

https://www.tektimetraduzionelibri.it

Prologo

Un giorno molto lontano
iniziai questo libro
un verso dopo l'altro, giorno dopo giorno
finalmente sono arrivato fino a qui.

I versi sono come fiori
che bisogna aiutare a crescere
il sole e l'acqua aiutano
ad ottenere un buon profumo.

Però se non li curi
si potranno rovinare
e poi, anche se ci provi
non potrai più rimediare.

Le rime di questi versi
non sono facili da comporre
ma qualche volta sono semplici
come questo tramonto.

AMORE

Dedicato ai miei genitori

Contenuto

1. PERSO PER LA CITTÁ

Ero arrivato di sera
volevo conoscerla
uscii dall'hotel di buon mattino
pretendevo di vedere tutto.

Da dove avrei iniziato?
deciso, cominciai a camminare
e non mi rendevo conto
che non conoscevo il posto.

Molte strade percorse
monumenti visitati
attraversai ampi viali
credo mi sia accaduto qualcosa.

Perso, mi sono perso!
non conosco il luogo
camminando ho perso l'orientamento
dovrei chiedere.

Alcuni alberi mi indicano
che potrei riposare
certo che sia un giardino
andrò là.

Sono arrivato al fiume
non c'è un ponte per passare
gli alberi che vedevo
si trovano sull'altra riva.

Guardando da ogni parte
non ho trovato nessun luogo
dove potermi sedere
e questo mi ha deluso.

Il caldo mi opprime
vorrei riposare
ma vedo che la mia sorte
oggi non mi aiuterà.

Perso nella grande città
all'improvviso mi sono trovato
là, solo, tra le molte persone
che mi passano accanto.

Una bambina mi guarda,
ha pronunciato qualcosa
in una lingua straniera
ed io non ho capito.

Continuo a camminare lentamente

vorrei orientarmi

ma sono stordito,

ho bisogno di riposare.

Finalmente, ho appena individuato

una panchina in lontananza

lì dirigo i miei passi,

voglio sedermi.

Seduto, sto pensando

che devo chiedere

ma, come posso fare?

se non riesco nemmeno a parlare.

In questo luogo hanno

una lingua diversa

così, in questo modo

non potranno darmi informazioni.

Mi viene in mente una cosa:

non so cosa mi accadrà

ma ci proverò

forse mi aiuterà.

Ho estratto carta e penna;
devo scrivere il suo nome
mi sono ricordato
come si chiama l'hotel.

Ho scritto con una calligrafia chiara,
mi sono alzato dalla panchina
una persona stava passando
e le ho mostrato il biglietto.

Sorridendo dice qualcosa
sicuramente è l'indirizzo
ma io le faccio cenno di fermarsi
così non la capisco.

Mi guarda dall'alto in basso
Probabilmente ha pensato:
"Come gli dico
quello che mi ha chiesto?"

Non so come le sia
venuta in mente la risposta
ma mi fa un cenno
E vado con lei.

Camminando per le vie
alcune già conosciute
mi accompagna all'hotel
in questo modo così semplice.

Non so cosa avrà pensato
questa persona guardandomi
ma è sicuro
che mi ha aiutato.

AMORE

2. COSA SI PROVA?

Cosa si prova nella vita

quando ci dà da pensare?

Ci rendiamo conto

delle cose che ci accadono.

Sei nella tua stanza

E stai pensando, cosa è successo?

Perché oggi vivi così?

Non te lo sei mai chiesto?

Forse la vita ti conduce

su strade molto diverse

ma ancora non sai

quale sarà la tua destinazione.

Buttato sul letto

e senza nulla da fare

rimugini sulle cose

che vorresti sapere.

Forse alcune di esse

le avevi già pianificate

o sono arrivate poco a poco

quasi senza dirti niente.

Ora ci stai pensando
e cercherai una soluzione
tu vorresti cambiare
tutto quello che hai oggi.

Qualche volta il destino
è arrivato inatteso
e per quanto sembri strano
quasi non te ne sei accorto.

Dentro la tua stanza
dove ti senti sicuro
è un rifugio che hai
anche se a volte è molto duro.

L'ambiente sempre ti opprime
e tenta di assorbirti
se lo lasci fare, ci riesci
e questo non vuoi vederlo.

All'esterno ci sono i pericoli
questo lo sai molto bene
nel tuo rifugio sicuro
sai che stai sempre bene.

Per questo è meglio che tu rimanga
all'interno della stanza
un momento a riposare
senza nessuna altra intenzione.

AMORE

3. DODICI OTTOBRE

Dicono che un 12 ottobre
Colombo toccò terra
e che con questo piccolo passo
Scoprì un nuovo mondo.

Anche se lui non era consapevole
che sarebbe accaduto questo
"É arrivato nelle Indie"
si udiva ovunque.

Un fatto trascendentale
nessuno lo mette in dubbio
anche se lui non lo voleva
la sua storia lo spiega così.

Il Nuovo Mondo, che cos'è?
forse nemmeno se lo chiese
vedendo che non c'erano spezie
trovò altre cose.

È passato più di mezzo secolo
da questi avvenimenti
e ancora ci chiediamo
Come ci riuscì?

Forse fu la sua intuizione
ad orientarlo in questo modo?
O fu una casualità
grazie alla quale ci riuscì.

È Rodrigo di Triana
colui che gridò "Terra!"
poi, lui fu il primo
che la scoprì.

Il monello di Triana
che da piccolo amava guardare
quel fiume
dove imparò a nuotare.

Incantato a guardare
come l'acqua scendeva,
Rodrigo pensava
dove arrivava.

Non immaginava
che un giorno se ne sarebbe andato
seguendo quelle acque
e sarebbe arrivato molto lontano.

Quando vedeva a poppa il
giovane molto pensieroso
Cristoforo gli chiedeva
cosa gli stava succedendo.

"Questa acqua sarà quella
che scendeva dal Triana,
la stessa in cui mi piaceva
fare il bagno da piccolo?"

"No, quella era acqua dolce"
Lo informava Cristoforo
"questa è molto salata."
Gli rispondeva sicuro.

Pensieri marinari
che vengono in mente ricordando
la terra dove erano nati
così lontana dal vasto mare.

Crepuscoli condivisi
quando il sole si allontanava
ore trascorse insieme
navigando in queste acque.

"Il mare salato?", chiede
Il giovane senza capire
da dove deriva il sale
che non permette loro di bere.

Erano tutti assetati
non potevano sopportare
tutto quel caldo
e senza poter fare il bagno.

Una notte stellata
il giovane stava pensando
alla sua Siviglia che si trovava
lontana da lì.

Con le lacrime agli occhi
ricordava la sua famiglia
quando all'improvviso accadde
qualcosa di inatteso.

Rodrigo guarda in lontananza
gli altri che stanno dormendo
quella laggiù sembra terra
e lo urla rapidamente.

Tutti si sono risvegliati
Cristoforo fa le congratulazioni
al giovane che ha gridato
perché ha avvistato la terra.

La storia ci dice poco
di quel giovane furbo
che scoprì il Nuovo Mondo
e avvisò gli altri.

Di Triana, di Siviglia
questo sì, lo sappiamo bene
e che gli piaceva l'acqua
anche questo è certo.

Il fiume Guadalquivir
dove lui faceva il bagno
fu ciò che lo spinse
dicono che raccontava così.

"L'acqua del fiume scende
cantando una canzone
quando la ascolti non puoi
liberarti dalla sua attrazione".

Fu Rodrigo di Triana
il primo ad avvistare
quella terra lontana
al di là del vasto mare.

AMORE

4. L'ADDIO

È ora di partire
il tempo è terminato
i giorni di vacanza
sono arrivati alla fine.

Questo amico che se ne va
con lui ti sei
goduto i giorni di festa
ti ha dato un abbraccio.

Rimane un vuoto
il tuo cuore si contrae
e non vuoi che ti veda
mentre la tua guancia si inumidisce.

Hai cercato di mostrare
un sorriso un po' falso
però non lo hai ingannato
lui ti conosce molto bene.

Avete passato dei giorni insieme
avevate tanto di cui parlare
ma tutto è finito
e deve andarsene.

Desiderando già il ritorno
voi due vi siete accordati
sebbene manchi ancora un anno
che per voi sarà molto lungo.

Questa amicizia nata
un giorno alla scuola dell'infanzia
quando eravate piccoli
e giocavate ridendo.

Con il tempo è cresciuta
e sembrate fratelli
fin quando arrivò un giorno
in cui non amavate nessuno.

Nella vita ci sono decisioni
difficili da prendere
ma non c'è altra soluzione
perché bisogna andare avanti.

Un posto di lavoro molto lontano
arrivò per il tuo amico
con le lacrime agli occhi
un giorno lui se ne andò.

Ma non ha dimenticato
colui che qui è rimasto
per questo torna, torna
non ha mai smesso di tornare.

E ad ogni vacanza
lui torna a questo luogo
che lo ha visto nascere
e dove si sta meglio.

Ha percorso la distanza
perché vuole ritornare
al suo luogo preferito
per restare alcuni giorni.

Non gli importa della stanchezza
né mai gli importerà
soltanto tornare alla sua casa
al suo paese, al suo focolare.

E far visita all'amico
al fratello, al compagno
e insieme ricordare
quei giorni giocosi.

Quei momenti felici
che forse non torneranno
ma restano nel ricordo
e loro li rivivranno.

È arrivato il momento
è l'ora di partire
l'amico già se ne va
devi congedarti da lui.

Non rendergli le cose difficili
abbracialo in silenzio
avvicinati al suo orecchio
e digli, "A presto!"

AMORE

5. COS'É LA FELICITÁ?

Certamente molte volte
sarai stato molto felice
ma qualche volta hai pensato
"Perché è successo questo?"

E perché giorno dopo giorno
non siamo mai felici?
Cosa ci costa sorridere
o rendere felice il nostro fratello?

Cercando una risposta
ho percorso strade
ho chiesto a molti
nessuno mi ha dato una definizione.

"La felicità" rispondono
"Non so da dove deriverà
ma so che sono felice"
qualcuno dirà così.

"Sì, questo già lo so"
Ho risposto a costui
"Ma dimmi il perché"
"Non lo so", così ha parlato.

La felicità a volte
è difficile da trovare
perché siamo esigenti
e non vogliamo fermarci.

È un momento tranquillo
in cui si può respirare
giocando con un bambino
o guardando il vasto mare.

Sono soltanto questi istanti
che forse ricorderai
quando sarai stanco
e non potrai riposare.

La felicità è questo
che non si può toccare
un sorriso, un bacio
un "Ti voglio bene, davvero!"

É pensare sempre all'altra persona
dimenticare l'egoismo
sforzarti di sorridere
e pensare agli altri.
AMORE

6. LA DECISIONE

Ci sono momenti nella vita
in cui bisogna decidere
fermarsi un poco a pensare
verso dove si deve andare.

Alcuni momenti sono più importanti
e bisogna riflettere
prima chiedere le opinioni altrui
per poi scegliere o rifiutare.

Quando andavi in bicicletta
ti fermavi in preda al dubbio:
ora dove vado?
Ci pensavi un pochino.

Il tempo passa, sei cresciuto
ora devi decidere
se studiare questo o quello
ormai devi dirlo.

Hai scelto gli studi universitari
hai portato avanti con fatica
quella prima illusione
oggi è arrivato, ci sei riuscito.

Ora arriva il momento
in cui bisogna decidere:
resti nella tua città
o vai a vivere altrove?

Forse avrai altre
opportunità lavorative
se ti trasferisci lontano da qui,
se ti lasci tutto alle spalle.

Decisioni nella vita
difficili da prendere
ma non c'è altra soluzione
devi continuare.

Quella persona che stai guardando
sembra piacerti
ormai sei adulto, saggio
e credi di essere pronto.

Dopo aver molto riflettuto
hai preso la decisione:
è ora di sposarti
e glielo hai chiesto.

Decisione difficile
e ti è costata molto
ma ti ha detto «sì!»
e ti è piaciuto.

E così tutta la vita
bisogna prendere delle decisioni
per te stesso o sul lavoro
ci sono sempre delle occasioni
in cui devi decidere.

Alcune sono molto semplici
come scegliere cosa mangiare
o l'abito da indossare
o posticipare un appuntamento.

Ma altre, tuttavia
dovremo prenderle ad ogni costo
dato che dobbiamo dare una risposta.

Davanti a tutto questo, così difficile
oggi dobbiamo pensare
aspettano la decisione
che adotteremo.
AMORE

7. IL FORTE VENTO

Un giorno di vento forte

dovevo andare a lavorare

vidi alberi sradicati

quando uscii di casa.

"Non andare!" disse mio figlio piccolo

che aveva visto quello che faceva il vento

guardando dalla finestra

e si era molto spaventato.

Pensandoci un poco

mi fermai sulla porta

e proprio in quel momento

lì ho salvato la mia vita.

Sicuramente avrei fatto

altri due passi avanti

se mio figlio non mi avesse fermato

e sarebbe finito tutto.

In quel momento un grande albero

cadde sul marciapiede,

schiacciò l'auto

ma, come era accaduto?

Spaventati da quanto successo
tutta la mia famiglia guardò
quell'albero sul tetto
dell'auto schiacciata.

"Papà," mi disse il piccolo
"Potevi essere lì!"
"Sì, figlio mio, mi hai salvato
non lasciandomi andare via."

Ci sono momenti nella vita
difficili da assimilare,
chi aveva avvisato mio figlio
di cosa sarebbe accaduto?

Forse non ci rendiamo conto
o non vogliamo pensare
che nel nostro intimo
c'è chi si prende cura di noi.

È l'Angelo Custode
che tutti noi preghiamo
quando siamo piccoli
ma poi lo dimentichiamo.

Perché, chi potrà spiegare
ciò che a volte accade,
un terremoto distrugge le case
senza nessuna vittima.

Il paese completamente devastato
nulla rimane in piedi
ma si sono salvati tutti
non ci sono state vittime.

O quando il grande temporale
inondò tutto il territorio
nemmeno in quel frangente ci furono vittime
solamente danni materiali?

Forse non ci rendiamo conto
o non vogliamo pensare
che qualcuno sta proteggendo
sempre l'Umanità.

AMORE

8. LA PRIMAVERA

In questa stagione dell'anno
quando sei più felice
ormai l'inverno è passato
presto arriverà il caldo.

Ma è in primavera
che i fiori sbocceranno
con i loro molteplici colori
rallegrando i paesaggi.

La primavera è arrivata
la neve ormai è andata via
è spuntato un sole brillante
e qui è cambiato tutto.

C'era un inverno buio
Il cielo privo di luce
con l'arrivo del sole
tutto l'ambiente è cambiato.

I passeri con il loro cinguettio
hanno annunciato a tutti
"Svegliatevi, è già primavera!"
Ed il bosco li ha ascoltati.

La tartaruga e la lepre
si sono messe a cantare
allegre, è primavera
le possiamo ascoltare.

Gli altri sono contenti
e si mettono a ballare
al suono di allegre canzoni
nessuno riesce a stare fermo.

L'orso, la farfalla
ed anche il cardellino
ballano, ballano senza smettere
ballano tutti, oltre un centinaio.

Gli piace la primavera
il freddo ormai è passato
escono dalle loro tane
con il sole leggero.

Sono tutti contenti
è tornato persino l'airone
che era andato lontano
all'inizio del freddo.

La laguna traboccante
è stata riempita dal disgelo
le rane cantano in essa
è arrivata la primavera.

Il prato si è tinto di un colore nuovo
non è più solo bianco
sono comparsi mille colori
i fiori cantano all'unisono.

La primavera è arrivata
tutti sono allegri
il sole nota il fermento
e brilla ancora di più.

Nelle notti di primavera
il cielo è stellato
con mille puntini luminosi
tutti sono contenti.

Ormai la primavera è arrivata
lo ha notato persino il cielo
la luna e le stelle
lo hanno proclamato cantando.

Il sole ascolta il canto
quando sorge l'alba
per questo brilla così tanto
si vede che è molto contento.

Ormai la primavera è arrivata
la neve se ne è andata
il freddo non c'è più
tutto il clima è cambiato.

È sempre in primavera
Quando iniziano ad uscire
Le farfalle in volo
Guardale, ce ne sono più di mille.

AMORE

9. DIMENTICARE

Nella vita ci sono momenti
difficili da dimenticare
che restano molto presenti
e non si trova rimedio.

Ricordi di un passato
che si vogliono dimenticare
cose che ci fanno male
che è meglio lasciare indietro.

Ma, come si fa?
Come si può dimenticare?
Il male che ci hanno fatto
anche se senza cattiveria.

Luoghi dove siamo stati
che abbiamo visitato
che ci ricordano quello
che vogliamo dimenticare.

Tempo passato o recente
che vogliamo dimenticare
ciò che accadde
che è meglio non ricordare.

La vita, cos'è la vita?
è sempre meglio dimenticare
se ci lascia una ferita
molto difficile da curare.

Quei fatti lontani
che non vogliamo ricordare
non si cancellano con il tempo
non si possono dimenticare.

Dolore profondo nell'intimo
che vogliamo dimenticare
non ci riusciremo mai
non si potrà dimenticare.

Ricordi, che ricordi!
che vorrei dimenticare
per essere un poco felice
Come li posso dimenticare?

A volte la memoria è
il nostro peggiore nemico
ricorda proprio quei tempi,
i più conflittuali.

E ci si dimentica proprio di quelli
che vorremmo ricordare,
i momenti belli
non li vorrei dimenticare.

Non c'è una ricetta, il problema
deve continuare
dimenticare ciò che si può
non tentare di ricordare.

La vita, cos'è la vita?
Ricordi di un passato
se il momento era felice
così lo hai ricordato.

Ma se il ricordare
ti causa sofferenza
dimentica, meglio dimenticare
non pretendere di ricordare.

AMORE

10. ARRIVÓ UN'ECLISSI

Arrivò un'eclissi

il sole si spense del tutto

la luna lo ha coperto

la notte coprì il cielo.

È un fenomeno conosciuto da molto tempo

È accaduto molte volte

portando disgrazie

per questo è stato studiato.

Un'eclissi simile

avvenne tempo fa

fu ritenuta responsabile

di guerre e persino inondazioni.

Problemi nel passato

impossibili da verificare

ma è sempre stata temuta

forse perché è la verità.

Il giorno si trasforma in notte

con una strana oscurità

la temperatura si abbassa

tutti lo possono notare.

Furono le superstizioni
a darle una cattiva fama
la incolparono di disgrazie
e la gente ci credette.

Vedremo cosa accadrà ora
che siamo i modernizzatori
se ci saranno maree oppure no
o se noteremo qualcosa.

È difficile verificare
se l'eclissi abbia colpito
la terra o il mare
o se sia accaduto qualcosa di strano.

Con quale macchinario si misura?
Se una marea sale
o se è arrivata la tempesta
o se una nube rabbrividisce.

O se il sangue del corpo
si è riscaldato un poco
o ti fa male la testa
quando non ti è mai successo.

Ci sono cose sconosciute
difficili da assimilare
perché accadono così in fretta
che non ci si rende conto.

Arrivò un'eclissi
questo lo sai
ma quello che accadde
non lo puoi sapere.

Forse né macchinari né studiosi
potranno verificare
gli effetti dell'eclissi
quelli che causerà verificandosi.

Muoverà la energie
non dubitarne
ma se fa sparire persino il giorno
il sole non illuminerà.

L'eclissi è un fenomeno
che non si può evitare
come altri che accadono
impossibili da fermare.

Allora avevano ragione
quando temevano l'eclissi
accadranno quelle cose
che dicevano gli antichi.

Presto potremo sentirlo
se prestiamo attenzione
anche se non lo puoi vedere
il tuo corpo lo ha captato.

Che gli altri non ti ingannino
prestagli più attenzione
è il tuo corpo, è la tua vita
e trai le tue conclusioni.

AMORE

11. NUVOLE ROSA

In cielo comparvero

queste nuvole rosa

che mai avevo contemplato prima

quando oggi l'ho osservato.

Avevo appena guardato il cielo

poco fa

ed era tutto azzurro

questo colore ora non c'è più.

Il loro colore era rosa

non lo avevo mai visto così.

Si vedevano nuvole così belle!

E mi misi subito a correre.

Ho immortalato queste nuvole colorate

con la macchina fotografica

come ricordo

ed ora le ho qui.

Però dopo poco tempo

non so cosa sia successo

quando ho guardato di nuovo

il colore era sparito.

Ora le nuvole erano bianche
da ogni parte
Il rosa! Dov'è il colore rosa?
Sembra lo abbiano cancellato.

Se si vedono in un quadro
si pensa sia un colore impossibile
e non ci crede nessuno.

Ma erano in cielo
una mattina presto.
Lì non le aveva dipinte nessuno
nessuna mano arriva fino a là.

A volte pensiamo
di poter fare tutto
ci crediamo infallibili
e questo non è possibile.

Quelle nuvole colorate
che si possono contemplare
guardando il cielo la mattina presto
Corri, si cancelleranno!

Però, anche se non le vedi
sicuramente saranno là
a solcare il cielo lassù
muovendosi senza mai fermarsi.

Sono le nuvole colorate
quelle disegnate dal sole
bianche, rosa, e ancora di più!
Guardale, sono rosa!

Nuvole, nuvole, molte nuvole
che transitano in cielo
si muovono a grande velocità
e cambiano colore.

AMORE

12. IL COMPITO

Un compito, cos'è?

A volte hai chiesto

cosa si deve fare

forse qualcosa che ti hanno ordinato.

Oramai ti sei preso l'impegno

poi ci hai pensato bene:

Come porto a termine l'incarico?

Hai continuato a girarci intorno.

Quello che ti hanno chiesto

non è facile da fare

e per quanto lo desideri

non puoi vederne la fine.

Il giorno in cui hai iniziato

ti sembrava un compito molto semplice

ma con il passare del tempo

è diventato più duro.

Che incarico, Dio mio!

Non so se lo porterò a termine

quanto mi sembra difficile

per favore, aiutami!

All'inizio il compito

era facile da eseguire

ma poco a poco

ha iniziato a diventare più duro.

Ci sono compiti nella vita

difficili da realizzare

prima di impegnarsi

bisogna pensare.

AMORE

13. LA PERDITA

Anche se non lo aspettavo
un giorno non lo trovai
e per quanto lo cercavo
quello non lo trovai.

Lo avevo perduto
non era al suo posto
che rabbia provai
non riuscivo a trovarlo.

La giacca, dov'è?
Credevo di averla portata
quando ero partito
ma vedo che l'ho perduta.

Per quanto cerchi di ricordare
qui l'oggetto non c'è
e non serve discutere
nessuno ti darà ascolto.

"Ma guarda, se non c'è"
Forse hanno risposto
quando tu tanto insistente
hai continuato a cercarla.

A volte senza rendercene conto
ci è successo qualcosa di simile
e pur lamentandoci
non abbiamo ottenuto nulla.

Delle perdite nella vita
possiamo lamentarci
e se non c'è soluzione
dobbiamo sopportare.

AMORE

14. ALZARSI PRESTO

Una mattina presto

in cui non riuscivo a dormire

mi alzai dal letto

e mi misi a scrivere.

Stavo lì da un po'

quando guardai l'orologio

e vidi con sorpresa

che quel giorno mi ero alzato molto presto.

Le quattro del mattino

non potevo crederci

mi avvicinai alla finestra

doveva essere notte.

Il cielo era stellato

non ho mai visto niente di simile

da lì potevo ammirare

stelle da ogni parte.

Nella vita che conduciamo

siamo sempre così indaffarati

che quasi non ci rendiamo conto

di essere circondati.

Da bellezze impossibili
da immaginare
in questa natura
che è insieme a noi.

Questi campi rigogliosi
che non guardiamo
quando viaggiamo in auto
a tutta velocità.

In questo tramonto
con molti colori
non ci fermiamo ad osservare
e lo abbiamo perso.

Questa brezza mattutina
che sta rinfrescando
questo caldo agosto
Anche questa ti perderai?

Sono dettagli che quotidianamente
lasciamo passare
e sono la parte migliore della vita
non sappiamo goderceli.

Questo cardellino curioso
che si avvicina a guardare
dalla tua finestra
non ti vuole disturbare.

Il suo trillo parla del sole
o dell'azzurro del mare
di brezze che accarezzano
e non hai saputo ascoltare.

Eri molto occupato
per metterti ad ascoltare
l'uccellino che voleva
condividere la bellezza.

È la vita, la nostra vita
e non sappiamo apprezzare
le bellezze presenti in essa
è necessario solo fermarsi.

Dalle corse quotidiane
da andare di qua e di là
dalle tante preoccupazioni
che non possiamo lasciare.

Per ammirare questo cielo
è valsa la pena
ho visto le stelle
ho potuto contemplarle.

Alzarsi presto non ha importanza
grazie a questo ho potuto
apprezzare che ci sono altre cose
quando sono addormentato.

Che te le stai perdendo
e non torneranno
ferma questo istante
non lo vedrai di nuovo.
AMORE

15. SOTTO LE STELLE

Giorni fa ho fatto

una passeggiata di sera

così ho potuto contemplare

il cielo con le sue stelle.

Nella vita odierna

sembra che abbiamo sempre fretta

e non ci rendiamo nemmeno conto

di tutto ciò che perdiamo.

Questo cielo stellato

questa luna così brillante

questa grande tranquillità

ed il profumo penetrante.

Sono solo alcune delle cose

che possiamo ammirare

se usciamo un pochino

a camminare di notte.

Sembra che le stelle

oggi ci siano tutte

brillanti per farti vedere

questa luna lì di fianco.

Così il cielo è più grande
non ho mai visto niente di simile
stelle da ogni parte
nessuno le potrebbe contare.

Ce ne saranno di più di altre notti?
Almeno sembrava così
prima io le contemplavo
ma ora non lo faccio più.

A volte nella nostra vita
ci assumiamo degli obblighi
che assorbono il nostro tempo
senza permetterci distrazioni.

I giorni passano volando
e di questo ci lamentiamo molto
ma non vogliamo frenare
e perciò non ci fermiamo.

Lasciamo qualcosa da parte
e andiamo a contemplare
questo cielo stellato
sicuramente ci piacerà.

E fermiamoci un istante
dal guardare la televisione
il telefono o le e-mail
ed usciamo sul balcone.

AMORE

E fermiamoci un istante
dal guardare la televisione

16. COSE CHE SUCCEDONO

Perché succedono queste cose?

Si sente di continuo

la gente è stupita

non sa più cosa pensare.

Confrontano e non trovano

un punto di comparazione

né nevicate né caldo

prima accadeva così.

Il termometro è arrivato ad alte temperature

tutti hanno potuto vederlo

oggi i gradi sono 50

non era mai accaduto prima.

"Come mai ci sono 50 gradi?

Il termometro sarà rotto!"

Dicono alcuni

che dubitano di questo fatto.

"Ma sì, il caldo che faceva

non si poteva sopportare

nessuno usciva di casa

non si andava da nessuna parte!"

Ma guarda, ora ha nevicato
e nessuno se lo aspettava
la neve è arrivata fino alla spiaggia
e l'ha lasciata bianchiccia.

"Ma questo è impossibile!
Non era mai successo
e ormai ho 80 anni
Ho vissuto molto!'"

È che il tempo sta cambiando
non si può rimediare
il caldo sta aumentando
fino a dove arriverà?

Ma, e la neve
che è caduta sulla spiaggia?
Non mi dire che è causa del caldo
perché non è stato il caldo.

Sarà il tempo
che l'inverno ha cambiato
se cerchi la primavera
non c'è da nessuna parte.

Il clima sta cambiando
e questo, cosa avrà a che vedere
con il fatto che fa più caldo
e più freddo allo stesso tempo?

La gente è confusa
non riesce a crederci
non l'ha mai visto in vita sua
e le resta molto altro da vedere.

Molti anni di siccità
in cui non pioverà affatto
e poi inondazioni
che nessuno si aspetterà.

È questo tempo mutevole
in cui sembra arrivi
più caldo e molta acqua
che contiene molti cambiamenti.

Non possiamo fare nulla
ma se siamo ragionevoli
adattiamo la nostra casa
e viviamo sulle alture.

L'acqua inonda i campi
rade al suolo le città
e ci sarà un caldo soffocante
in molti luoghi.

Sapendo ciò che accadrà
non abbiamo tempo da perdere
cerchiamo luoghi migliori
o moriremo.

Non sono esagerazioni
tutto può accadere
e prendiamo precauzioni
non saranno mai troppe.

AMORE

17. PARIGI ALLAGATA

Ha piovuto senza sosta

non accadeva da tempo

la città si è allagata

come mai prima.

Parigi, Città della Luce

Parigi, Città dell'Amore

ora avrà un altro nome

poiché Parigi si è allagata.

Il livello della Senna non si è mai abbassato

oggi l'acqua ha una grande forza

e non si vedeva nessuna barca.

Gli annali della storia

non registrano niente di simile

così tanta acqua nel fiume

non si era mai vista passare.

"Parigi si è allagata"

Ripetevano le notizie

e in ogni dove

gli uni e gli altri dicevano.

Si è allagata Parigi?
"Non è vero
la Senna non lo farebbe mai
il fiume ama questa città!"

"Ma ci sono amori che uccidono!"
Qualcuno ha risposto
"Non fare lo spiritoso! E guarda
come la Senna è straripata."

La Senna, il fiume gentile
che attraversa la città
con le sue barchette galleggianti.
Che bella stampa!

"Sì, quelli erano altri tempi"
Un altro sta dicendo
"Con i cambiamenti che ci sono ora
il fiume sta soffrendo."

"Un fiume, soffrire? Impossibile!"
L'altro gli rispondeva.
"Ma se è soltanto un fiume"
L'uomo così ragionava.

"Sì, la Senna è un fiume
e Parigi una città
ma i tempi sono cambiati
e nulla è più uguale."

Si soffrono grandi siccità
la pioggia non arriva
e quando cade
l'acqua non si trattiene.

E la Città della Luce
è cresciuta senza tregua
dove prima c'erano i campi
non si può più passeggiare.

Ma questo è naturale
è accaduto in tutte le città
la popolazione sta aumentando
e in città è arrivata.

Ma al fiume è accaduto questo
che aumentando di volume
ha sommerso luoghi
che prima erano suoi
e che l'uomo gli ha sottratto.

Parigi si è allagata
e nessuno se lo aspettava
quartieri interi sommersi
dall'acqua che oggi arrivava.

A Montmartre sono saliti
un gran numero di abitanti
e da quelle parti si è udito
"Questo prima non succedeva!"

Parigi, Città dell'Amore
sei diventata egoista
il tuo popolo oramai non ci pensava più
aveva perso di vista il fiume.

Lo ha circondato senza pietà
tutto sembrava bello
e lo ha quasi strangolato
per sottrargli il terreno.

Oggi la Senna è straripata
allagando la grande città
c'è acqua ovunque
nessuno la può fermare.

Le case ed i musei
ora si stanno rendendo conto
che tutti quei terreni
la Senna sta reclamando.

Parigi, Città della Luce
Parigi, Città dell'Amore
Parigi attraversata dall'acqua
la Senna l'ha sommersa.

AMORE

18. LA CROCIERA

Un viaggio diverso
una volta io ho realizzato
non percorrendo le strade
non solcando i cieli.

L'acqua da ogni parte
era quello che vedevo
stavo facendo una crociera
e quella nave si muoveva.

"Chi mi avrebbe ingannato?"
Ogni tanto pensavo
ma il mal di mare
non mi passava in alcun modo.

Piano piano
le onde sospingevano avanti
quella enorme nave
che si muove senza fermarsi.

Non provai il cibo
da quanti giorni durava?
Conobbi solo il bagno
da esso non mi separavo.

Una crociera è una bella cosa
dicevano gli uni e gli altri
la brezza del mattino
a molti sarebbe piaciuta.

I giorni passavano lenti
ma il mare non si calmava
più le onde spingevano la nave
più mi sentivo la nausea.

Finalmente il tormento finì
la nave attraccò
lì fermo in porto
la nausea mi passò.

Se vuoi farmi piacere
e fare un regalo
non portarmi in crociera
o mi farai soffrire.

Portami su una spiaggia
dove mi possa stendere
lì sopra la sabbia
che è sempre quieta.

Dove poter prendere il sole
senza dover sopportare
il movimento continuo
di una nave in alto mare.

AMORE

19. LA RADIO

Una nuova è stata comprata
poiché ce l'aveva così vecchia
la radio questo vicino di casa
che non sentiva la musica.

Gli piaceva ascoltare
mentre stava lavorando
la musica alla radio

Era ormai vecchiotta
un giorno si decise
a comprarne una nuova
e oggi finalmente ci è riuscito.

La musica tutto il giorno
ora sto ascoltando
e il mio vicino che canta
accompagnando la radio.

Davvero lo fa bene
e non mi posso lamentare
ma risulta noioso
eppure non vuole smettere.

Non che io sia schizzinoso
ma gli dirò
"Caro vicino, spegni la radio
e lasciami dormire un poco!"

Lui sicuramente risponderà
che non è ancora arrivato l'orario
che smetta di fare la siesta
o che me ne vada da un'altra parte.

La musica mi piace
ma finisce per stancarmi
ascoltarla per tante ore
eppure non la vuole spegnere.

La nuova radio si sente
per tutto il vicinato
alcuni hanno già protestato
che non possono riposare.

La musica è bella
ma fai sempre attenzione
non disturbare gli altri
o avrai un grande problema.
AMORE

20. FREDDO IN GENNAIO

In gennaio fa freddo

una volta si sentiva dire sempre

ma ora è diverso

il tempo è un poco cambiato.

Venti gradi niente meno

dicono che oggi li faceva

impossibile dicono altri

non si sono mai avute temperature così.

Al mare, in montagna

la gente va per trascorrere

questi giorni di gennaio

così piacevoli.

Prima e non molto tempo fa

era impossibile pensare

che ci fossero giorni così

in questo luogo.

Era tempo di nevicate

di restare chiuso

in casa davanti al camino

e molto ben coperto.

Nessuno usciva per strada
quando il tempo era così
o forse qualche piccoletto
che pretendeva di giocare.

Lì facevano pupazzi di neve
per poi distruggerli
con quelle palle di neve
con cui gli piace tanto giocare.

E così in questo modo
in gennaio loro giocavano
e senza scuola per qualche giorno
a causa della nevicata restavano.

Ma ora è diverso
non nevica in questo luogo
si vedono tutti i campi
e nessuno è imbiancato.

E prima quando la neve cadeva
alcuni protestavano persino
poiché non potevano lavorare
la neve li isolava.

Ma qualcosa è accaduto
e da queste parti non c'è più neve
Gennaio è finito
e il sole non smette di splendere.

È il tempo che è cambiato
e bisogna riconoscere
che il termometro è diverso
da ieri.

Venti gradi in Gennaio
non si erano mai visti
né in Febbraio né in Marzo
faceva solo neve e freddo.

Ma ora il costume da bagno
bisogna tenere a portata di mano
dato che in spiaggia in inverno
oggi domenica è toccato andare.

Forse l'acqua sarà fredda
e non si potrà fare il bagno
ma si potrà stendersi al sole
e i bambini potranno giocare.
AMORE

21. UN GIORNO SENZA INTERNET

Non so come accadde

né per quale motivo

ma senza Internet un giorno

stupito mi trovavo.

Questo succede molte volte

senza saperlo spiegare

che noi ci rendiamo dipendenti

senza potervi rimediare.

Internet è necessario

persino per respirare

questo abbiamo ottenuto

con tanta modernità.

Prima, però non molto tempo fa

vivevamo tranquillamente

non avevamo Internet

ma un giorno lo avemmo.

Ci facilita la vita

E ci dà conoscenza

Ma quando non c'è

Che noia!

"E ora, cosa faccio?
Davanti al computer
se non ho Internet
mi annoierò a morte."

Ci pensi per qualche istante
che sta diventando eterno
non ti viene in mente di andare via
stai fissando lo schermo.

Ma dai, reagisci!
Che non è così importante
prima non lo conoscevi
né lo avevi davanti.

E giocavi, e ridevi
uscivi a passeggiare
tutto questo oramai è passato
ora non c'è più tempo.

Vedi cosa è successo?
È stato per colpa di Internet
che la tua vita è cambiata
anche se non lo vuoi vedere.

Sembra una macchina
ma ti ha cambiato
non ridi più, non passeggi
stai sempre lì seduto.

E se un giorno ti manca
non si può sopportare
il malumore che ti prende
non lo puoi controllare.

Oggi non hai Internet
non puoi incolpare
la rete, dicono che è caduta
così potrai riposare.

E forse fare una passeggiata
o un giro in bicicletta
o giocare una partita
così sgranchire le gambe.

Quelli che si lamentano
di stare tanto seduti
di stare connessi ad Internet
molte ore.

Approfitta che oggi non ce l'hai
e così potrai respirare
l'aria della strada
che ti farà bene.

Ma il corpo ha bisogno
di un poca di libertà
non stare sempre seduto
e se possibile vai e cammina.

Forse ricordi che prima
facevi qualche sport
ora con Internet
lo guardi solo lì.

AMORE

22. VISITANDO PETRA

Ammirando quelle rovine
Una mattina pensavo
"Guarda quanto lavoro
E come si conservano bene!"

"Da quanto tempo sono state costruite?"
Chiese un turista
"Ma, con certezza, non si sa"
Gli rispose la guida.

E a noi cosa importa?
È importante verificare
il lavoro che hanno fatto
in questo luogo.

Tagliarono la dura pietra
non conosciamo l'intenzione
né chi lo fece o perché
né quanto tempo durò.

Ma ciò che è certo
è che si può ammirare
dove un tempo lontano
qualcuno dovette lavorare.

Sviluppò un'idea
che poi molto pensò
e dopo molte vicissitudini
con il tempo lo plasmò.

Sembra non sia facile
assimilare il fatto
che in tempi remoti
lo sapessero disegnare.

Ma osserviamo lentamente
tutto questo luogo
progettato con perizia
e con grande difficoltà.

Forse così apprezzeremo
il lavoro contenuto in esso
o ci renderemo conto
di quanto erano colti.

Questo popolo del passato
di cui oggi non sappiamo nulla
non ci lasciò la sua storia
ma vediamo tutto questo.

Le pietre dove vissero
che seppero lavorare
la città che costruirono
ingegnosa, davvero!

Un grande sforzo sarà costato
questo non lo sapremo mai
ci restano solo le impronte
queste che vediamo qui.

Dimenticate nel tempo
in un recondito angolo
fuori dall'occhio umano
così tutto si salvò.

Come qualcuno ha potuto pensare
di costruire nella roccia
inserito lì all'interno?
Come sarà arrivato lì?

Ci sono domande senza risposta
difficili da sapere
come guardando queste pietre
che a Petra si possono vedere.
AMORE

23. LA FIFTH AVENUE

Passeggiando un pomeriggio

tranquillamente guardavo

questa grande folla

che si trovava da quelle parti.

"Da dove saranno arrivati?

E cosa faranno qui?

Perché saranno venuti oggi?

Avevo questi pensieri.

All'improvviso vidi un bimbo

che mi guardava stupito

lo udii dire qualcosa

ma non capii nulla.

Lungo la Fifth Avenue a New York

passa tanta gente, molta gente

che io non capisco.

Parlano una lingua diversa

io non ho mai studiato inglese

e credo che questa sia la lingua

che parlano le persone

che incontrai lì.

Per un poco di tempo continuai a guardare

poi mi fermai ad osservare

le persone che passavano

e notai qualcosa.

Nei vestiti, nei volti

nel modo di camminare

tutte erano diverse

non avevo mai visto niente di simile.

Gli edifici enormi

che toccano il cielo

qui dal marciapiede

stavo contemplando.

New York è sorprendente

è enorme la città

dove le persone passeggiano

o se ne vanno al lavoro.

Non parlano tra loro

nessuno si guarda passandosi accanto

i marciapiedi sempre pieni

di persone che vanno e vengono.

Forse tornerò un'altra volta
a visitare la città
ma come la prima volta
sicuramente non sarà.

Questi taxi gialli
nessuno libero
questa metropolitana sempre piena
questa è la grande città.

La Grande Mela credo la chiamino
non so perché
forse perché è rotonda
o perché è così verde.

Questo parco interminabile
dove si può giocare
stendersi sul prato
e così riposare.

Questo fiume, questo ponte
tutte la parti della città
la rendono differente
New York ti piacerà.

In una barca la baia
poco a poco attraverserai
guarda indietro
New York contemplerai.

E questa enorme città
dove prima passeggiavi
sta diventando piccola
mentre la stai lasciando indietro.

E non c'è la Fifth Avenue
non c'è la grande città
soltanto ricordi di un giorno
in cui l'hai visitata.

E il toro arrabbiato
la Statua della Libertà
il trambusto della gente
continueranno ad essere presenti.

Forse trascorso il tempo
saranno dimenticati
ma lei continua a stare lì.

New York la grande città
quella della Fifth Avenue
quella che accoglie tutti
e dà loro il benvenuto.

Turisti di tutto il mondo
percorrono questa città
camminano per visitarne i monumenti
e se ne vanno di nuovo.

AMORE

24. LE UMILI VIOLETTE

Sono nella loro aiuola
poco a poco compaiono
già è arrivata la primavera
le altre spunteranno di corsa.

Questo colore lilla e giallo
che hanno le loro foglioline
come sarà spuntato?
E che lucentezza.

Incantato
stavo guardando la violetta
quando udii qualcosa
che mi sorprese molto.

"Cosa guardi?"mi sembrò
che qualcuno mi chiedesse
ma voltai la testa
e lì non c'era nessuno.

"Sarà la mia immaginazione!"
Subito pensai
e finsi di camminare
quando la udii di nuovo.

"Viandante, dove vai?"
Stupito mi fermai
ora sì sono sicuro
che ho udito qualcosa.

Di nuovo guardai stupito
da quelle parti non c'era nessuno
ma lo avevo udito
ora non dubitavo più.

"Ancora non mi vedi?"
Ascoltai di nuovo
e di nuovo mi voltai
non sapevo dove guardare.

"Qui!" sentii che diceva
Non potevo crederci!
Era quella violetta
l'unica cosa che potevo vedere.

Si muoveva un pochino
per indicare
che lei stava parlando
tranquilla da quel luogo.

Con gli occhi bene aperti
non smettevo di guardare
quel fiorellino
che avevo appena udito.

Non riuscivo a crederci!
Non avevo mai sentito
che un fiore come quello
qualche volta avesse parlato.

Sembrava che la mia mente
il fiore avesse letto
e mi disse all'improvviso
"Abbiamo sempre potuto parlare"

"Parlare con chi?", chiesi
dubitando di quanto accadeva
ma subito udii
che con chi lì si fermava.

"E fermarsi, perché?"
Le chiesi di nuovo
"A guardarci un pochino"
Mi rispose di nuovo.

“La gente sempre di fretta
passa per questo luogo
trascorrete la vita di corsa
e non sapete apprezzare”

“A cosa ti riferisci?” chiesi.
Lei così mi seguì.
Continuò un poco a parlare
fino a che alla fine tacque.

Mi raccontò la sua intera vita
e che aveva delle sorelle
che era spuntata in primavera
quando non faceva freddo.

AMORE

25. LA GRANDINATA

La giornata era piacevole

il sole era spuntato

il tempo era mite

non faceva freddo

All'improvviso accadde qualcosa

il cielo si oscurò

il sole si nascose

e iniziò a piovere.

Pioveva già da un bel po'

quando iniziò a grandinare

Dio mio, come grandinava!

Non avevo mai visto niente di simile.

Come pugni, i chicchi erano così

nessuno riusciva a crederci

cadevano rompendo cose

lì si potevano vedere.

I vetri delle case

le tegole dei tetti

i rami tutti danneggiati

la grandine lasciò.

Nessuno aveva mai visto
una simile grandinata
dei chicchi tanto grandi
li avevamo davanti agli occhi.

Pezzi di ghiaccio molto duri
non si potevano rompere
Da dove saranno arrivati?
Nessuno poteva saperlo.
La grandinata è caduta
quando meno ce la aspettavamo
l'inverno era già finito
e non faceva freddo.

La primavera trascorreva
tranquilla senza disturbare
il caldo si avvicinava
o sembrava fosse così.

All'improvviso tutto è cambiato
il clima si è stravolto
dopo questa grandinata
il freddo è tornato.

Due giorno dopo
qui ha nevicato di nuovo
Non è possibile! Se è maggio!
Eppure tutto è coperto di neve.

"È un maggio molto diverso
quello che stiamo avendo
per colpa di questo clima"
tutti vanno dicendo da queste parti.

Nemmeno il clima è più affidabile!
Non si può prevedere
pensi che sarà soleggiato
e si mette a piovere.

È meglio guardare il cielo
quando stiamo per uscire
vedere se prendere l'ombrello
o restare al coperto.

AMORE

26. ATTRAVERSO IL VETRO

Come posso essere arrivata

a trovarmi qui

rinchiusa, reclusa?

Perché oggi mi sento così.

In una casa lontana

da quella in cui vivevo

dicono che è un hotel

"Dipende dal punto di vista"direi.

Io mi sento reclusa

quasi, quasi prigioniera

ho soltanto una finestra

per guardare fuori.

Da qui vedo la strada

se fa freddo o caldo

se piove o ha nevicato

questo io posso vederlo.

La gente passa frettolosa

o si ferma per chiacchierare

sul marciapiede per un poco

poi se ne va camminando.

Vedo anche una taverna
contemplo la clientela
che si prende una birra
o passano la notte svegli.

Alla televisione guardano il calcio
o si mettono a cantare
dato che esiste un karaoke
che gli piace utilizzare.

Ma io qui rinchiusa
posso soltanto ascoltarli
e forse se ne ho voglia
mi metto anche a ballare.

Quando ascolto come cantano
e la canzone mi piace
i piedi non riesco a fermare
se è un ritmo ballerino.

Ma nei giorni di pioggia
nessuno passa di qui
solo qualcuno con l'ombrello
che se va in fretta.

Passa anche l'autobus
con la sua grande puntualità
segnando così i minuti
Si nota il passare del tempo.

È ogni quarto d'ora
che passa di solito
eccetto la domenica
che gli tocca riposare.

Ma è dal vetro
da dove posso vedere
queste gocce di pioggia
che non smettono di cadere.

In questo giorno non ci sarà musica
non ci saranno nemmeno partite
se piove nessuno si avvicina
allora è noioso.

Il pomeriggio se è soleggiato
le persone di solito passeggiano
si avvicinano alla piazza
i bambini vanno a giocare.

Le mamme con grande pazienza
li guardano correre
restando sempre all'erta
così si occupano dei loro figli.

La vita che è ingiusta
poi farà dimenticare
questi figli alle loro madri
che stanno dietro ad un vetro.

AMORE

27. COSE DELLA RADIO

Un tempo la gente

ascoltava la radio quotidianamente

non aveva altro

sentiva solo la radio.

La musica, le notizie

tutto quello che succedeva

ce lo diceva la radio

era sempre stato così.

La radio, che grande invenzione!

Serviva da distrazione

Si ascoltava in un attimo

In casa o sul camion.

Quando eri in viaggio

per non annoiarti

l'autista l'accendeva

ed era divertente.

L'audiolibro la sera

si era soliti ascoltare

ogni giorno un capitolo

non si poteva mancare.

Un tempo la Signora Rosa
era molto famosa
molta gente la ascoltava
poi è rimasta nell'oblio.

La radio oggi obsoleta
è stata sostituita dalla televisione
quasi nessuno la ascolta più
è stata messa da parte.

Solo quando si guida
si può ancora ascoltare
qualche auto la possiede
perché fa compagnia.

La radio ci ha lasciato
l'invenzione ormai è antica
ora ci sono altre cose
la televisione è più moderna.

La musica ogni giorno
la possiamo guardare
non come con la radio
che la dovevamo immaginare.

È per questo che la radio
quasi non si usa più
a tutti piace vedere
chi canta quella canzone.

AMORE

È per questo che la radio
quasi non si usa più

28. IL LAMPIONE DELLA PIAZZA

In mezzo ad una piazza

proprio accanto al giardino

un lampione acceso

brilla da ieri.

L'oscurità che c'era

ora è sparita

il lampione con la sua luce

ha rallegrato tutto.

Anche se è notte, il giardino

lì si può vedere

prima era impossibile

vederlo al tramonto.

Questo lampione è venuto

a rallegrare questa piazza

con la sua luce ha permesso

di passeggiare la sera.

E forse cose curiose

si scorgono in questo modo

qualcosa che non avevi visto

nella via o sul marciapiede.

Così si può osservare
quando guardi il giardino
che tutti i fiorellini
si sono addormentati.

Chiusi, sono chiusi
è notte e riposando
aspettano che sorga il sole
per sbocciare.

Il giardino prende luce
da questo lampione acceso
E così si può vedere
anche l'erba folta.

Sembra che a riposare
anche l'erba si sia stesa
di giorno è folta
di notte si appiattisce.

Tutte queste meraviglie
ora si possono vedere
con la luce del lampione
che installarono ieri.

E sebbene sia notte
il lampione illuminerà
la via, tutti i dintorni
e la gente vedrà bene.

AMORE

E sebbene sia notte
il lampione illuminerà

29. UN POMERIGGIO DI INVERNO

In un pomeriggio di inverno
un gruppetto si incontrava
per prendere un poco di sole
dove non soffiava il vento.

Il freddo era intenso
ma il sole era spuntato
ed in quel luogo
si erano riuniti in molti.

Riscaldando un pochino
il sole durava da un po'
e uno di quel gruppetto
stava dicendo queste parole.

"Chi vuole una birra?"
Un altro rispose
"Cosa stai dicendo? Meglio un bicchiere di vino"
"Ma no, ma no e no!"

Tutti restano in silenzio
ma è stato molto categorico
quello che ha detto di no
e così lui ha continuato.

"Questo debole sole
resterà qui solo per un attimo
io propongo di rientrare
e prendere qualcosa di caldo."

Sono rimasti pensosi
quelli che il sole aveva riunito
e uno ha risposto
!Sono d'accordo con te.
Una cioccolata calda
ci farà bene
e anche dei churros
per leccarci le dita."

"Sì, sì, è l'idea migliore"
Il gruppo sta dicendo
"Prendiamo la cioccolata"
E rientrarono di corsa.

Con churros fritti
e anche cioccolata
intorno al tavolo
lì si sta molto bene.

Il braciere acceso
anche la televisione
era un pomeriggio di freddo
in cui spuntò un poco di sole.

Ma questo sole invernale
se ne è andato subito
e poiché faceva freddo
la via è rimasta sola.

E sicuramente domani
si riempirà di nuovo
quell'angolo di gente
che si siede per riscaldarsi.

Come le lumache
vanno alla ricerca di questo sole
e ne approfittano quando spunta
per prendere il suo calore.

Ma se il cielo è nuvoloso
nessuno si azzarderà
ad uscire in tutta la giornata
altrimenti prenderà freddo.
AMORE

30. IN COSTUME DA BAGNO

Sulla spiaggia c'era la neve

caduta quella notte

tutto era biancheggiante

e molta gente accorse.

Nessuno aveva mai visto

la spiaggia in quel modo

innevata, più che una spiaggia

sembrava una grande prateria.

Ma all'improvviso appare

qualcuno che sta camminando

e tutti si stupiscono

a vederlo avanzare a piedi.

È in costume da bagno

nessuno riesce a credere

che con il freddo che fa

si butterà in mare.

Lui tranquillo, non batteva ciglio

poco a poco si avvicinò

all'acqua del mare

e in essa si tuffò.

La gente lì presente guardava

e a lui non importava

si fece un bel bagno

e poi uscì dall'acqua.

Tutti molto ben coperti

dato che faceva molto freddo

ma lui in costume da bagno

si muoveva per la spiaggia.

Corse per un poco

così per riscaldarsi

poi se ne andò subito

e nessuno lo vide più.

Naturalmente ci sono uomini coraggiosi

che sanno affrontare

il freddo, non gli importa

nuotare per un po'.

Perché l'acqua in inverno

anche se baciata dal sole

non si riscalda nemmeno un poco

e sarà molto fredda.

Ma a quei coraggiosi
che sono venuti a fare il bagno
nemmeno il freddo li spaventa
né sulla spiaggia, né in mare.

In costume da bagno sulla neve
tranquillo lui passeggiava
sembrava che questo freddo
gli importasse poco.

Gli altri molto coperti
si stanno facendo le foto
così mai dimenticheranno
la nevicata di questo inverno.

E anche come ricordo
facevano a quel coraggioso
che passeggiava in costume da bagno
qualche fotografia.

AMORE

31. LA VECCHIA BARCA

Una notte di tempesta
sulle rocce si incagliò
una barca che alla deriva
un'onda trasportò.

C'era una forte mareggiata
nessuno se l'aspettava
l'equipaggio dormiva
mentre il tempo cambiava.

All'improvviso una tempesta
tutto il mare agitò
una forte mareggiata causò
il lungomare inondò.

Dicono che mai hanno visto
da queste parti nulla di simile
c'è una barca incagliata
è strano in questo luogo.

Ma poiché è successo
l'hanno lasciata là
si può guardarla
ha variato il paesaggio.

Anche pittori sono arrivati
che vogliono immortalare
questa barca che è spuntata
e si trova sulle rocce.

È strana a vederla così
inclinata e solitaria
non tornerà a navigare
né si muoverà ogni giorno.

La vita che le resta
la passerà lì quieta
guardando il mare da lontano
ma non si bagnerà.

E solo i gabbiani
saliranno sulla sua prua
passeggeranno un poco
nessuno li spaventerà.

Perché la barca solitaria
ha smesso di prestare servizio
è vecchia e abbandonata
nessuno vuole più salirci.

Dicono sia "un rottame"
ma un giorno navigò
solcò mari molto lontani
e il mare qui la abbandonò.

AMORE

32. L'ISOLA DI MALTA

Un'isola che sulla cartina geografica

passa quasi inosservata

arrivando in aereo

diventa più visibile.

Atterri sul suo terreno

e la vai a conoscere

perciò decidi di percorrerla

da cima a fondo.

Angoli inaspettati

a Malta troverai

dato che da nessun'altra parte

quelle cose vedrai.

Grotte che il mare ha scavato

da tempo conosciute

le trovi da ogni parte

un tempo furono dei covi.

Di pirati che nascondevano

il bottino del saccheggio

e nelle grotte vivevano

riposandosi dal viaggio.

Ce ne sono di grandi e piccole
lungo tutto il litorale
il mare continua a scavarle
le colpisce senza fermarsi mai.

Dice il detto popolare
e forse con ragione
che in alcune di esse
e lo racconta la tradizione

Ci sono tesori senza eguali
nascosti nel profondo
da pirati che se ne andarono
o da qualche altro fuorilegge.

E che nelle notti di luna piena
si vedono le barche arrivare
in cerca di questa fortuna
che se ne vanno senza trovare.

Sono i detti popolari
difficili da verificare
ma esistono i luoghi
queste grotte nel mare.

Conosciuta sin dai tempi antichi
molti popoli sono passati
Malta li accolse
e le loro tracce hanno lasciato.

Antica terra abitata
che obbligava a fermarsi
in questo crocevia
qui in mezzo al mare.

Sempre fu molto desiderata
e battaglie sopportò
questo luogo conosce il dolore
ma tutti accolse.

Oggi vengono a visitarla
da diverse provenienze
con curiosità la percorrono
gli amanti delle scienze.

Studiano questo passato
che la rese speciale
nelle sue rocce trovarono
fossili senza eguali.

Gli studi hanno portato
Malta nel presente
ad essere un posto diverso
importante davvero.

Arriva gente in continuazione
accorrono da ogni parte
la vogliono visitare
e conoscere il suo passato.

Percorrendo l'interno dell'isola
a Malta si possono vedere
tracce di questo passato
della sua storia di ieri.

AMORE

33. UNA GIORNATA PIACEVOLE

La giornata era piacevole

non faceva freddo

così decisi di uscire

a passeggiare.

Fino alla riva del mare

dove c'era un debole sole

si alzò la brezza

e un'onda mi bagnò.

Tutto accadde all'improvviso

non ci si poteva aspettare

che onde così forti

si alzassero da questo mare.

Tranquillamente un momento prima

si poteva passeggiare

sulla sua riva senza problemi

ma si era trasformato.

Il forte vento soffiando

tutto il mare increspò

e all'improvviso la mareggiata

si abbatté tutto intorno.

Non si era mai vista
qui accadere una cosa del genere
e gli anziani del posto
stupiti stavano a guardare.

"Qui il mare è tranquillo
di solito non si arrabbia"
si udiva dire
dalla gente del luogo.

Ma qualcosa è accaduto
ora non si comporta più allo stesso modo
ha inondato persino il porto
questa forte burrasca.

Ha sradicato palme
anche un barca capovolse
era ormeggiata
ma il mare la travolse.

Ma, cosa sta succedendo?
La gente si chiedeva
in quel luogo
nessuno ricordava nulla di simile.

Quelle onde che si abbattevano

come volessero scappare

e salire sulle rocce

sembravano fuggire dal mare.

Guardale, sono furiose

si muovono senza sosta

delle onde uniche

si videro in quel luogo.

Sarà causato dal clima

che sta cambiando

il mare se ne è reso conto

e non gli piace.

Nessuno può capire

ciò che sta accadendo

ma sì, si può vedere

che qualcosa sta succedendo.

Queste onde oggi enormi

che frustano la baia

il mare non le ha mai prodotte

altrimenti ne avremmo memoria.

AMORE

34. RISOLINI, RISA E GRANDI RISATE

Nella vita ci sono momenti

in cui si deve ridere

fa bene alla salute

ed è meglio condividere.

Unisciti agli amici

per raccontare qualche facezia

così si ride un poco

starai meglio.

Ma ci sono altre risate

per altre occasioni

che definiscono i momenti

o spiegano le azioni.

Quel risolino che senti

quando qualcuno si avvicina

"Cosa vorrà chiedermi?" pensi

e ti metti in allerta.

Poi esiste un'altra risata

che può anche dare fastidio

quelle sono le grandi risate

che non lasciano riposare.

Forse è ubriaco
chi ride in quel modo
ma poco gli importa
se sta disturbando.

Ma la risata normale
andrà sempre bene
si rilassa chi se la fa
e ne vale la pena.

Persino gli intenditori
la risata hanno studiato
e dicono che la salute
ridendo è migliorata.

In caso sia vero
ridi un poco e vedrai
che forse starai meglio
e sarà una realtà.

E ridere costa molto poco
costa solo iniziare
poi è contagioso
e ti metterà allegria.

Ridi della vita
anche se la strada è dura
cancella le preoccupazioni
e felice sarai di sicuro.

AMORE

35. LA FESTA DEGLI AMICI

Una sera d'estate

si riuniva

un gruppo grande di amici

per divertirsi e ridere.

Poco a poco arrivarono

nel luogo del ritrovo

e si stavano già salutando

quando qualcosa lì accadde.

Sembra che fu il terreno

il primo ad iniziare

poi le pareti

poi il caos seguì.

La gente spaventata

è fuggita dal luogo

nessuno sa cosa accadde

né si può ricordare.

Furono tempi del passato

ora si sta ascoltando

quando visiti il luogo

e la guida lo sta narrando.

Sembra un luogo deserto
molto tempo è passato
da quegli avvenimenti
che qui sono esistiti.

Era coperta di terra
ora hanno scavato
vuota si trovava
nessuno era rimasto.

Ma tutto era pronto
sopra il tavolo
bevande ed anche cibo
già servito nei piatti.

Non si sa chi furono
a celebrare questa festa
ma ciò che accadde loro
si può immaginare.

Forse fu un grande terremoto
che isolò la regione
che guastò la festa
ma le sue tracce lasciò

Nessun amico lo ricorda
né la gente del posto
sa di quella festa
ma è preparata.

Forse era un matrimonio
che si stava per festeggiare
ma è sicuro
che non ebbe un finale.

Le vivande nei piatti
erano già servite
e i vini nelle caraffe
serviti su entrambi i tavoli.

Anche se il tempo ha fatto evaporare
da esse il contenuto
le tracce rimaste
ci dicono che c'era del vino.

Sono ricordi del passato
che sono tornati
per darci un messaggio
non è sicuro restare lì.

Se la terra si mosse
e non lasciò terminare
la festa degli amici
forse accadrà di nuovo.

Paesano, vattene lontano!
non stare nel luogo
dove la terra si muove
senza nemmeno avvisare.

Se già lo ha fatto una volta
lì non sei al sicuro
poiché forse lo ripete
senza darti il tempo di andare via.

AMORE

36. LA VECCHIA FOTOGRAFIA

Dimenticata in un cassetto
comparve lì un giorno
qualcuno l'avrà lasciata
la vecchia fotografia.

Di un uomo sorridente
con sguardo sognante
fissava il fotografo
che così lo immortalò.

Lo si vedeva felice
giovane, bello, seduttore
si volle immortalare
e una foto si fece scattare.

Nessuno sa di chi sia
non ci sono ricordi dell'autore
di chi scattò quella foto
e di chi è quel signore.

La vecchia fotografia
è molto ben conservata
in essa si può vedere
quella luce nello sguardo.

Di questo giovane che un giorno
dovette stare fermo in posa
e così nella foto
ancora si può contemplare.

Con la sua camicia abbottonata
e con le maniche arrotolate
i pantaloni alla zuava
e le mani protese.

Cosa chiedeva? Cosa voleva?
Nessuno lo saprà mai
solo la fotografia
ce lo lascia contemplare.

Né ricordi, né notizie
di lui possiamo avere
Viveva qui? Sicuramente
nessuno si ricorda di lui.

Era innamorato?
forse lo era
una foto che mandò
alla sua amata, una donna.

E questa con grande affetto
la conservò in un cassetto
e non lo disse a nessuno
perciò fu una prova d'amore.

Che le mandò il suo innamorato
che forse era lontano
e guardando questa foto
lei non lo dimenticava.

Ma il tempo inesorabile
passa e passa senza fermarsi
che ne è stato di quella donna?
Nessuno sa rispondere.

Solamente la fotografia
ora si può vedere
dimenticata in un cassetto
dove era da ieri.

Un ieri forse lontano
un passato che non c'è più
Di chi? Mai si saprà.

AMORE

37. LA TECNOLOGIA IN CLASSE

Con i nuovi strumenti

che ora si devono maneggiare

in classe sono stati installati

e servono per studiare.

Ma, e i professori

quando ci hanno pensato?

A quanto è difficile

maneggiare tutta questa strumentazione.

É arrivata la tecnologia

nessuno la vuole fermare

ma in classe è necessario

mettersi un poco a pensare.

Questo professore tanto vecchietto

che prima bene insegnava

ora resta indietro

il Tablet non maneggiava.

E l'alunno vispo

non sembra nemmeno pensare

le sue dita sembrano volare

se qualcosa vogliono cercare.

É sempre bene apprendere
ma è meglio pensare di
non lasciare tutto alla macchina
che si può guastare.

Se non c'è elettricità non ha carica
e la risposta non dà
e se c'è qualche problema
Internet oggi non ci sarà.

Ma il vecchio professore
sempre ci risponderà
di quel fiume, o di quella montagna
il nome ricorderà.

O la data di quel fatto
che nessuno conosceva
lui ha nella sua memoria
e alla classe la diceva.

Non deleghiamo la fatica
questa, quella di insegnare
ad una macchina, infatti
si potrebbe guastare.

É sempre un bene avanzare
ma la tecnologia
mai potrà soppiantare
il professore che tutti sapeva amare.

AMORE

38. LA PENNA

Stava facendo qualcosa di importante
quando non terminò
niente, non scriveva
l'inchiostro era finito.

Una penna voleva
poiché doveva terminare
il compito che aveva lasciato
a metà, senza finire.

Che problema mi è sorto!
Dove la potrò trovare?
Per quanto ci pensi
non mi viene in mente il luogo.

Negozio dopo negozio ho guardato
nulla, penne non ce n'erano
e ormai deluso
a casa sarei tornato.

Ma prima di arrivare
senza aspettarmelo
ne vidi una in un posto
solo attraversando il marciapiede.

É un posto nuovo, non ricordo
mai di averlo visitato
entro a cercare una penna
e lì l'ho trovata.

Questo succede nella vita
che dobbiamo aspettare
darci tempo molte volte
e una soluzione trovare.

Ma andiamo così di fretta
che molte volte
non troviamo la risposta
né cerchiamo soluzioni.

I problemi ci sollecitano
ma pazienza non abbiamo
anneghiamo in una pozzanghera
senza vedere l'uscita.

Pazienza, solo pazienza
è ciò che bisogna avere
sicuro che in un attimo
tutto si risolverà.
AMORE

39. ASCOLTANDO MUSICA

Era primavera

e stavo in un giardino

lì si sentivano solo

i passeri che cantavano.

Con i loro cinguettii armoniosi

su una panchina mi sedetti

e dopo un pochino

a sognare io cominciai.

Con fiori dai mille colori

che ascoltando ballavano

spargendo i loro profumi

e l'ambiente profumavano.

Le rose ballavano un valzer

vidi come si muovevano

dolcemente con la brezza

che lentamente le faceva dondolare.

Al loro fianco gli oleandri

a tempo si agitavano

e la piccola violetta

a bassa voce gli chiedeva.

"Posso ballare con voi?"
"Sì", rapidamente le rispondevano
e muovendo le sue foglioline
lei ondeggiava.

Un papavero ad osservare
molto concentrato stava
sicuro che ascoltava
la musica che arrivava.

Dopo un pochino si è messo
il papavero a ballare
segue il ritmo imposto
e non perde una battuta.

Le margherite riunite
seguono la canzone
questo cinguettio che si ascolta
con moltissima attenzione.

Tutti cantano a tempo
dato che la musica sapevano
quando ieri fecero le prove
o forse fu l'altro giorno.

Sempre ascoltando musica
può invitare a sognare
solo fermarsi e ascoltarla
poi verrà il resto.

AMORE

40. LA MOSTRA DI AUTO

Nella piazza dell'Acquario
a qualcuno venne in mente
che era un buon posto
e lo scelsero.

Tutta la domenica sono state
esposte, si possono vedere
la collezione, le hanno posizionate
con cura, sono più di cento.

Mai prima si erano viste
tante auto lì in sosta
provengono da tutti i luoghi
qualcuno lì le ha riunite.

Alcune sono molto conosciute
altre non dicono nulla
ma è pittoresco
vederle su questa spianata.

La grande collezione di auto
non so chi l'avrà radunata
ma ce ne sono di molto vecchie
Verdi, nere, rosate.

Con i loro motori fiammanti
lì si possono vedere
curate con grande perizia
un gioiello, devono essere.

Alcune sono molto signorili
altre sportive
non se ne vedono nemmeno due uguali
tutte diverse sono riunite.

Come le avranno portate fino a qui?
E chi le ha collezionate?
Molto pubblico è venuto
sicuramente lo sapeva.

Ma questa è un'isola
qualcuno ha dovuto portarle
con una barca sicuramente
e con più di un viaggio.

Perché ce ne erano molte
non so perché non le contai
ma la grande spianata
piena di auto contemplai.

Auto, auto e ancora auto
oggi domenica si vedevano
era una collezione
che stava in piazza dell'Acquario.

AMORE

41. DOVE VA LA GENTE?

Quando le vedi per la via

sicuramente ti sei chiesto

dove vanno queste persone?

Quelle che passano al tuo fianco.

A volte sei circondato

ma sei solo tu

la gente ti passa a fianco

e non sai dove va.

"Non mi importa", vai dicendo

non ti divertirai

ma continui a vederle

passare e sono più di cento.

Sicuramente ad una festa

che c'è da qualche parte

e tu non lo sapevi

per non aver voluto chiedere.

Dove andrà la gente?

Non lo verificherai

perché non ti sei deciso

a chiedere a nessuno.

Poi forse un altro giorno
in qualche modo ti sei accorto
di cosa accadde quel giorno
e persino "stupido"ti sei definito.

Quelli che passavano
sapevano qualcosa più di te
ad un parco si avvicinavano
e là si divertivano.

Là c'era una festa
quella che ti sei perso
con giochi e divertimenti
canti e cose da mangiare.

Era il festeggiamento
di una squadra che è salita in classifica
e tutti aveva invitato
e tu te la sei persa.

Dove andava la gente?
Se lo avessi chiesto
una giornata un poco diversa
sicuramente avresti trascorso.

A volte se chiediamo
possiamo sapere
cosa accade accanto a noi
forse ci può interessare.

AMORE

42. STORIE DEL PASSATO

Ci sono luoghi che molte storie

ti possono raccontare

di fatti che accaddero

e non vogliono dimenticare.

Luoghi che in giorni lontani

altri popoli occuparono

che lottarono e furono sconfitti

o che furono espulsi.

Di coraggiosi e guerrieri

che seppero difendere

questi luoghi che poi

altri conquistarono.

Malta è tra questi luoghi

con storie del passato

con mille battaglie vinte

che la gente ha dimenticato

Invasioni respinte

e carestia subita

dal popolo che la abitava

e ormai da tempo non esiste più.

Di cavalieri di spada
di signori e vassalli
di barche qui attraccate
e di gesta con i cavalli.

Dei cannoni tonanti
a difendere la baia
di feriti e bandiere
di trionfi e audacia.

Sono storie del passato
che a Malta ascolterai
in angoli dimenticati
le prove ne avrai.

Tracce di quei fatti
Che sull'isola accaddero
non sono bufale né menzogne
tutti accaddero.

Cavalieri con l'armatura
che seppero difendere
con onore dando la loro vita
senza segni di resa.

Agguerriti, e valorosi
lottarono fino alla fine
difendendo le loro idee
il loro re e la libertà.

AMORE

43. ESPERIENZA RELIGIOSA

Dicono che anticamente

che a qualcuno succedeva

che tornava dalla guerra

e la sua vita cambiava.

Mentre era ferito

aveva tempo di pensare

le strade già percorse

e quelle che voleva cambiare.

A molti è successo

non sappiamo cosa sia

che li ha cambiati

ma sì, è realtà.

Di questo oggi non si parla

ma accade lo stesso

uno vive un'esperienza

e cambia la propria realtà.

Forse farà un cammino

o un pellegrinaggio

ma sarà il suo destino

che realmente cambierà.

Come mai un professionista
con la vita che conduceva
dopo questa esperienza
cambiò tutto di sé?

Lascia il lavoro e la famiglia
e si dedica ad aiutare
i più bisognosi
di questo o di un altro luogo.

Esperienze religiose
così sempre sono state vissute
non sono racconti né storie
né fatti di un passato.

Oggi, forse proprio adesso
sta accadendo qualcosa di simile
con chi è arrivato
in un luogo e lo ha sentito.

Una chiamata, così dicono
che di solito si sente
Di chi sarà? Non lo sanno
ma li fa cambiare.

La religione non influisce
la provenienza nemmeno
solo ascoltare importa
e aiutare gli altri.

Per questo i santuari
sono pieni di persone che
tentano di ascoltare ciò
che la loro vita cambierà.

L'esperienza è profonda
la vita ha cambiato
a migliaia di persone in ogni tempo
anche se non lo hanno raccontato.

È per questo che il cammino
molti percorrono senza sosta
lo fanno da secoli
e ancora perdurerà.

AMORE

44 VACANZE D'INVERNO

Annoiato su una panchina
a prendere un debole sole
stavo una mattina
già da un pochino.

Un amico che mi vide
subito si avvicinò
"Ciao", disse arrivando
e velocemente mi raccontò.

Che era andato in un posto
dove freddo non faceva
un'isola, e poi
ad andare là mi convinceva.

Dopo averci molto pensato
me ne andai a conoscere
questo luogo del mio amico
Come aveva ragione!

Vari anni a visitare
il magnifico luogo
dove freddo non si soffre
qui vicino al mare.

È un'isola tranquilla
dove poter passeggiare
e vivere a proprio piacimento
a nessuno importerà.

Se hai voglia di baldoria
posti adatti troverai
ma se vuoi silenzio
questo è un luogo ideale.

Gli inverni vengo qui
dove posso godere
del mio bagno in mare quotidiano
e poi a passeggio.

In hotel cibi
diversi sono soliti servire
lì i compatrioti
dicono di stare molto bene.

Sicuramente è vero
siamo già conosciuti
veniamo per l'inverno
siamo diventati amici.

Riempiamo l'aereo
tutti cerchiamo la stessa cosa
godere di questo angolo di mondo
e fare un poco di turismo.

In hotel ci conoscono
e sanno cosa mangiamo
i nostri gusti ed orari
e gliene siamo grati.

Perché alla nostra età
siamo già abituati
al cibo, i capricci
li hanno rispettati.

La nostra torta di mele
qui di solito la servono
con la crema la sera
questo è saper curare l'ospite.

Camerieri molto gentili
che ci sanno compiacere
con dettagli e sorrisi
e qualche altro modo di dire.

Vediamo anche le partite
seduti in una sala
dove musica gli altri giorni
mettono con ritmo ballerino.

Così passiamo il tempo
e mai ci annoiamo
sono belle le vacanze
e poi ci costa andare via.

Ma il tempo in fretta
già si sa che passò
e prima di rendercene conto
il nuovo anno arrivò.

Di nuovo in aereo
di solito ci incontriamo
"A Malta!" tutti diciamo
ci andiamo a riposare.

E arriviamo molto contenti
di nuovo allo stesso hotel
che si occupa di noi
di questo cliente fedele.

Che in inverno torna
per fuggire dal freddo
che fa nel suo Paese
dove sempre è vissuto.

Ma ora che è anziano
ha trovato un altro luogo
dove stendersi al sole
e così il freddo non soffrire.

AMORE

45. DAL NORD VIENE IL FREDDO

Le notizie ogni giorno

ci stanno dicendo

che da là arriva il freddo

che dal Nord sta arrivando.

Sempre l'ho chiesto

e non sanno rispondere

come lo fabbrica il Nord?

Non deve essere facile.

Sono i punti cardinali

che sono molto distanti

quelli che reggono la nostra vita

e non so come sarà.

Domande e ancora domande

che spuntano senza pensare

quando ci accade qualcosa

e nessuno risponderà.

Cos'è il freddo? chiedo

E perché si verifica?

Che sempre viene dal Nord

E che c'entriamo noi?

Ciò che sì è importante
è che ci colga ben coperti
altrimenti sicuramente
prenderemo un raffreddore.

Che soffia l'aria del Nord
molte volte si è udito
la provenienza non importa
solo che ti lascia gelato.

Per questo esci coperto
e sicuramente non vedrai
se viene l'aria dal Nord
e non ti raffredderai.

Da Nord, da Sud, da Est
il vento sta soffiando
e in inverno è molto freddo
quindi continua a coprirti.

E quando in estate
soffia il vento da Sud
togliti tutti i vestiti
così non suderai.

Dal Nord, viene dal Nord
si continuerà ad udire
quando in inverno soffia
il vento che arriva a gelare.

AMORE

46. LA SCALA

Salendo una scala
dato che non c'era ascensore
all'improvviso risuonò un tuono
Che spavento mi presi!

Tutto era al buio
impossibile proseguire
gli scalini senza luce
è un pericolo salire.

La vita è una scala
giorno dopo giorno si deve salire
sul gradino che ci tocca
non ci si può fermare.

A volte è molto difficile
e non se ne può più
ci fermiamo e vogliamo
retrocedere o sostare.

Per questo è impossibile
dato che si deve continuare
a salire anche se ci costa fatica
o non ne possiamo più.

Gradini della vita
che bisogna sapere superare
con sforzo ed anche ferite
che non puoi rimediare.

Ogni giorno si deve salire
e poco a poco arrivare
in alto fino alla fine
e la soglia varcare.

AMORE

47. CON ALTRI OCCHI

Ci sono fatti in questa vita
difficili da spiegare
dato che, secondo il punto di vista
diversi ci appariranno.

Un uccellino in una gabbia
molte letture avrà
se chi lo guarda è un gatto
in esso cibo vedrà.

E se lo guarda un bambino
Cosa ci potrebbe dire?
Che bello! o Come canta!
E forse vorrà aprire la gabbia.

Ma se è un adulto
che lì lo ha rinchiuso,
lo cura molto
ma mai ci ha pensato.

Che forse anche se mangia
e il freddo non soffre
l'uccellino preferirebbe
vivere da solo in libertà.

E così tutte le cose
che abbiamo nella vita
ad alcuni sembrano qualcosa
ed altri direbbero qualcos'altro.

Che piova, che bene fa
alle coltivazioni che si bagnano
ma che male ha fatto
a chi si è preso un raffreddore.

Tutti abbiamo diversi
gusti ed anche opinioni
e se li analizziamo
Chi avrà ragione?

Per questo ci sono discussioni
squadre e persino liti
dato che d'accordo non si mettono
dipende dal punto di vista.

Perché sempre con i tuoi occhi
è come puoi guardare
ma e all'altro, cosa gli succede?
Anche lui ha un'opinione.

Per questo guarda la vita
con un poca di attenzione
non imponendoti sempre
e pensando a chi ti sta a fianco.

AMORE

48. RICORDI DEL PASSATO

Seduta alla finestra

guardando fisso il sole

una folata improvvisa

sembrò attraversare la mente.

Un ricordo del passato

alla mente è venuto

quando avevo i bambini piccoli

ed andai al parco.

E mentre loro giocavano

a me piaceva vedere

le ombre che sul terreno

iniziavano a muoversi.

Il vento muoveva le foglie

e quando ballavano

i raggi del sole in esse

mille disegni proiettavano.

Ed era molto divertente

mi faceva sognare

con paesaggi molto lontani

della montagna o del mare.

Era la danza delle foglie
ma si potevano vedere
le figure che danzavano
dritte o rovesce.

Proprio ora alla mia finestra
seduta sto ricordando
quelle danze del sole
ed i miei piccoli che giocavano.

Dove saranno ora?
Dove il tempo avrà portato
quei giorni felici
che il ricordo non ha cancellato?

E dove saranno gli altri?
Tanti e tanti passati
quei giorni, quegli anni
che l'oblio ha cancellato.

A cosa ci serve vivere
se tutto va dimenticato?
Non importa se sono stato felice
nessuno lo ricorderà.

E sulla panchina di quel parco
un'altra persona starà
guardando forse le foglie
come ballano a tempo.

Di questa brezza che gioca
e non le lascia in pace
le trascina e le porta via con sé
e in quel luogo non tornano più.

È la stessa cosa della vita
che un giorno ci portò
al parco con allegria
ma quello è già accaduto.

Non ci sono più bambini, non ci sono più giochi
nulla è più come ieri
soltanto un ricordo lontano
che non vorrei perdere.

Il vento ed il sole
tornano in quel parco talvolta
però quelli che erano lì
non li rivedrai più.

Quei bambini sono cresciuti
la vita li ha dispersi
oggi ormai non si vedono più
molto tempo è passato.

E forse nel loro ricordo
né il parco è rimasto
né nulla di quei giochi
è soltanto questo, passato.

Che qui alla finestra
ho ricordato di nuovo
vedendo il sole e questo raggio
attraversare il vetro.

AMORE

49. NEVICATA IN PRIMAVERA

Quando nessuno l'aspettava
una nevicata è caduta
Ma siamo in primavera!
Si è sentito esclamare.

Nel luogo mai prima
cadde una nevicata
e ancora meno in primavera
non si sa cosa accadde.

L'aeroporto chiuso
nemmeno autobus
le strade interrotte
dalla neve che cadeva.

Tutti sono rinchiusi
e non sanno cosa fare
i bambini molto annoiati
così non possono correre.

Le scuole ed i negozi
tutto, tutto, è chiuso
con questa neve
le cose si sono stravolte.

I campi in primavera
erano già fioriti
ma ora con la neve
imbiancati muoiono di freddo.

Il raccolto delle fragole
dicono sia andato perduto
soffiò anche il vento
e rovinò quel luogo.

In primavera ha nevicato
non si può rimediare
il freddo di nuovo è tornato
e non si può sopportare.

"Questo tempo è pazzo"
Si sente dire in giro
mai qui aveva nevicato
non so cosa ci succederà.

Senza scuola e senza negozi
e senza nulla da mangiare
è impossibile stare
qualcosa dovremo fare.
AMORE

50. FINALMENTE É FINITO

Un giorno ormai molto lontano

questo libro iniziai

verso dopo verso, giorno dopo giorno

finalmente fino a qui arrivai.

I versi sono come i fiori

che bisogna aiutare a crescere

il sole e l'acqua aiutano

un buon profumo ad avere.

Ma se non li curi

si potranno rovinare

e poi, anche se ci provi

non li potrai risistemare.

Le rime di questi versi

non sono facili da fare

alcune volte sono semplici

come questo tramonto.

Che arriva inatteso

quando il sole se ne sta andando

e la luna poco a poco

in cielo si va affacciando.

Altre volte non è così
per quanto si aspetti
nemmeno un verso arriva
e la sera così muore.

Come un giorno di tempesta
quando sta splendendo il sole
nessuno si aspetta che scompaia
ma lui è già sparito.

Nella vita ci sono momenti
di cui si può godere
con dei versi preziosi
che arrivano senza pensarci.

Mentre stai guardando una stella
o questa acqua del mare
un bambino o un fiore
tutto ti può ispirare.

Ma ci sono altri giorni
in cui è difficile dire
cosa ti ispira il paesaggio
e non riesci a scrivere.

I versi non arrivano se non ti sforzi
si rifiutano di uscire
dentro molto dentro restano
soltanto per te.

Ma se fino a qui sei arrivato
senza annoiarti
grazie ti dico, lettore
questo è stato per te.

Forse in un altro momento
ci incontreremo di nuovo
io continuerò a scrivere
ti auguro di vivere in pace.

AMORE